ЭНЦИКЛОПЕДИЯ ЖИВОПИСИ ДЛЯ ДЕТЕЙ

Валентина Бялик

Пейзаж

Москва, 2004

Что такое пейзаж?

Откуда появилось слово «пейзаж» и что оно значит? С французского языка оно переводится как «местность, страна». Обычно так называют реальный вид какой-либо местности. Но этим же словом обозначают изображение природы в искусстве. То есть и то, что мы видим своими глазами в поле, в лесу или на улице города, и изображение этого называется одним и тем же словом — «пейзаж». А как называют художника, который предпочитает писать только природу? Пейзажистом.

Почему мы сказали о художнике, что он пишет свои произведения? Ты думал, что пишут только авторучкой в тетради или мелом на доске. Оказывается, все, что художник изображает на холсте кистью и красками, он пишет, а то, что создается на бумаге карандашом, углем, фломастером, — рисует.

Но возможно ли словом «пейзаж» обозначить и изображение поля ржи, и вид на городскую площадь, и панораму завода? Все эти разные пейзажи имеют свои названия. Общий вид местности: горы, леса, поля, реки, ручьи, озера — все это называется немецким словом «ландшафт». Этим же словом мы называем картину, изображающую природу. Улицы, площади и переулки, написанные художником, станут городским пейзажем, а изображение завода назовем промышленным, или индустриальным, пейзажем.

Сегодня трудно представить, что во второй половине XVIII века, когда возникло первое (в современном понимании) художественное учебное заведение — петербургская Академия художеств, пейзажная живопись совершенно не ценилась и считалась чем-то второстепенным. Понадобились десятилетия и усилия многих мастеров, чтобы этот *жанр живописи* стал таким же значительным, как историческая картина или портрет.

1
И. Левитан
Март. 1895

2
И. Шишкин
Рожь. 1878

3
К. Коровин
Париж. 1906

Развиваясь, ландшафтная живопись из «видописи» — скучного протокола, перечисляющего на картине конкретные признаки того или иного пейзажного «вида», — превратилась в интереснейший жанр изобразительного искусства. В нем художник не только изображает «портрет природы», а стремится запечатлеть свои чувства, переживания, которые вызывает тот или иной пейзаж. Совсем молодой человек, художник Федор Васильев в картине «Мокрый луг» передал чувство острой радости, которая овладевает человеком после сильной грозы. Он был уверен, что «картина, полная бесконечного торжества и чистоты природы, отвратит человека от преступного замысла».

Подчас живописец не может равнодушно писать пейзаж. Тот или иной уголок природы вызывает в нем особое волнение, будит тонкие струны души. Такой пейзаж называется пейзажем настроения. Существуют пейзажисты, например Исаак Левитан, которые были непревзойденными мастерами создания именно такого пейзажа.

Людей издавна потрясали величие и красота моря. Пейзаж, изображающий морской вид, называется мариной. Художников привлекало не только разнообразие «характера» моря, которое могло быть и ласковым, и суровым, но и борьба человека с разбушевавшейся стихией.

А еще людей манят дальние страны. Увидеть их, а потом запечатлеть — это ли не прямая обязанность художника-пейзажиста? Свои дорожные впечатления он может закрепить маленькими этюдами с натуры. Когда путешественник вернется домой, эти живописные заметки превратятся в большое произведение, а иногда они так и остаются прекрасными этюдами.

Не следует думать, что пейзаж как жанр живописи существует отдельно от людей, которые этот мир населяют. Во многих картинах знаменитых мастеров пейзаж является выразительным фоном картины. Унылая осень, изнуряющий летний зной, холодная весна или осеннее преображение природы — все это достойно стать фоном картины, рассказывающей о жизни и судьбах людей.

Видишь, сколько интересного тебе предстоит узнать, когда ты прочтешь эту книгу. Но серьезной глубины знаний одна книга дать все равно не сможет. Пусть она станет одной из многих, которые помогут тебе приблизиться и заглянуть в тот прекрасный и неведомый мир, который зовется миром искусства!

А. Боголюбов
Берег моря

Ф. Васильев
Мокрый луг
1872

А.П. Боголюбов
(1824 — 1896)

И. Репин
Портрет художника А.П. Боголюбова. 1876

Взгляд из дома

Ты помнишь, когда впервые ощутил многообразие окружающего тебя мира? Когда впервые осознал разделение мира на «природу» и «не природу»? Твой дом (квартира, комната или уголок в ней) и то, что за окном: двор городского дома, травка перед крыльцом на даче — всё это малый мир. А есть ещё мир большой, простирающийся далеко от тебя. Там дремучие леса, быстрые реки, заоблачные горные вершины. Но, пока ты маленький, для тебя открытием будет даже то, что за порогом.

7
П. Кончаловский
Окно поэта
1935

В название картины о приходе зимы Сергей Тутунов не случайно добавляет слово «Детство». Знакомый мир за окном, преображённый выпавшим снегом, поражает художника не меньше, чем малыша. Увиденные сквозь окно забор, изба с заснеженной крышей и деревья, потерявшие ещё не всю листву, кажутся расплывчатыми. Их контур «смазывается» стеклом, и привычный вид выглядит сказочным. Чувство удивления и восторга, которое испытывает ребёнок, передаётся и тебе.

Разве думали вчера,
Что и к нам придёт зима?
Утром смотрим — всё бело...
И малыш глядит в окно.

У Аркадия Пластова неожиданно выпавший первый снег увиден глазами деревенских ребятишек. Пространство перед крыльцом, ещё вчера такое знакомое, неузнаваемо из-

8
С. Тутунов
*Зима пришла.
Детство*
1960

менилось: все приобрело синий оттенок. Небо, будто заштрихованное тоненькими веточками старой березы, подарило свою насыщенную голубизну дальним избам и дереву у дома, и кустам, и забору. Для ребят — это новое знакомство с привычным окружением. Оттого они выглядят такими восторженно-удивленными.

А у взрослых людей вид за окном вызывает совсем другие чувства. Подчас он будит воображение, рождает литературные *ассоциации*. Петру Кончаловскому нравилось жить в большом и уютном доме в селе Борки, под Малоярославцем. Эта отдаленность от Москвы иногда нарушалась шумной компанией гостей, но они уезжали, и опять наступала тишина. Красота замкнутого мира, окружающего художника, помогла ему написать картину, где соединились несколько жанров живописи: и пейзаж, и *интерьер*, и *натюрморт*. Бронзовый подсвечник и книга на старинном столике красного дерева подчеркивают, что люди в этой семье привыкли к определенному укладу жизни. Все вещи не куплены сегодня, а переданы по наследству и имеют в доме свои постоянные места. Заснеженный зимний двор за окном, сараи, собачья будка и сиреневые от снега деревья — все это позволило художнику назвать картину «Окно поэта». О каком поэте идет речь? Конечно, об Александре Пушкине и его жизни в селе Михайловском. А когда Кончаловского спросили: «Почему у картины такое название?» Он ответил: «Просто было такое настроение».

9
А. Пластов
Первый снег
1946

Мария Якунчикова зовет тебя подняться на второй этаж старинного барского дома, построенного, наверное, еще в конце XVIII века. Дело происходит в селе Введенском, где художница с семьей любила проводить лето. Представь, что ты — смелый первооткрыватель неведомого — смотришь в окно и удивляешься, что знакомые предметы странно изменились. Прежде всего это относится к колоннам. Они, деревянные, «притворяются» мраморными, с нарядными коринфскими *капителями*. Из-за приближенности к глазам зрителей на капителях можно разглядеть каждый изгиб причудливого растительного *орнамента*. Но главным в картине оказывается пейзаж. Он — знакомый, простирающийся перед домом, — при взгляде на него сверху изменяется. По-другому смотрятся кусты и речка. Нежные краски заката окрашивают небо в таинственные розово-сирене-во-золотистые цвета. Впрочем, следует разделить чувства взрослого человека и ребенка, смотрящих из окна. Маленький зритель готов задохнуться от волнения — так необычно все, что ему открылось. У взрослого этот вид рождает в душе другие чувства: заходящее солнце позволяет ощутить легкую печаль о том, что еще один день заканчивается, а человеческая жизнь не беспредельна. Природа же будет вечно пребывать в состоянии блаженного покоя.

10
М. Якунчикова
Из окна старого дома. Введенское. 1897

Река

Представь себя волшебником, способным не только увидеть из окна дома Марии Якунчиковой бесконечные дали, но и перенестись туда. Природа нашей страны удивительно красива и многообразна: бескрайние моря, широкие поля, дремучие леса, полноводные реки... Начнем наше волшебное путешествие с реки. Какой? У каждого художника есть своя, дорогая сердцу река.

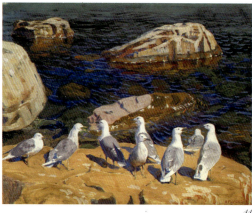

11
А. Рылов
Чайки. 1910

Для Архипа Куинджи это был Днепр. Он любил его и писал неоднократно — днем и ночью. В картине «Днепр утром» художник запечатлел овеянную утренней свежестью степь и уходящую вдаль широкую ленту реки. Только на первый взгляд пейзаж кажется безмолвным и пустынным. Просто все, что вдали, как в перевернутом бинокле, кажется крошечным: пароход на реке или птица в небе. А если внимательно рассматривать луг на переднем плане, то наш воображаемый бинокль приблизит не только цветы и травы в утренней росе, но и пестрых бабочек. И все же главное в картине — тишина и величие реки и неба над ней.

Ученик Куинджи, Аркадий Рылов, всю жизнь с глубокой симпатией вспоминал своего учителя. Родившийся в деревне под городом Вяткой, Рылов, хотя и жил в Петербурге—Петрограде—Ленинграде, больше всего любил выезды «на природу». Так появились его картины «Рябь», «Река Вуокса», «Река Вятка», «Березы на берегу Невы», «Тихая речка». Но река — это не только вода, берега, но и обитатели этих мест. Не случайно один из пейзажей Рылова назван «Чайки». Ярко освещенные солнцем, отбрасывающие голубые тени на охристый берег, эти белые птицы — неотъемлемая часть природы. Пейзаж строится на контрасте холодного сине-зеленого цвета воды и активного золотисто-желтого цвета земли. Художник был непревзойденным мастером изображения различной живности в своих картинах: он часто наблюдал жизнь зверей и птиц на природе. Живя в городе, среди каменных стен, Рылов постоянно возился со всевозможными зверями и лесными птицами, которые обитали у него дома.

Подчас бывает, что на какое-то время для художника становится важным и дорогим определенное место, куда ему постоянно хочется возвращаться. Таким местом для Исаака Левитана стала река Волга. К этому времени он уже стал известен. Он отчетливо осознавал, что художнику-пейзажисту при создании картины необходимо размышлять не только о том, что он изображает (лес, реку, озеро, пашню), но и всегда решать проблему освещения. Какое время дня запечатлено в том или ином пейзаже, что труднее изобразить: утро, день, вечер, ночь? Передать свет нарождающегося дня или глубину лунной ночи весьма трудно. Но особенно сложно запечатлеть вечер. Солнце заходит, и пейзаж почти ежеминутно меняется. Только что оно было ярким раскаленным шаром, а потом зашло, закатилось, спряталось, и все вокруг быстро погружается в темноту. Именно это Левитан запечатлел в картине «Вечер на Волге».

Три умиротворенные стихии — небо, вода и земля — пребывают на полотне в разных состояниях. Земля погружается

12
А. Куинджи
Днепр утром
1881

И. Левитан
Свежий ветер. Волга
1895

И. Левитан
Вечер на Волге
1887—1888

А. Боголюбов
Петербург при заходе солнца

во тьму приближающейся ночи. Темными становятся все предметы на берегу, даже лодки приобретают ночной, бархатистый цвет. А на небе происходит запоздалая борьба света и тьмы. Но его светлая, розово-желтоватая часть быстро поглощается лиловыми облаками. А река? Она отражает небо, она готова уснуть, и только розовые блики на воде напоминают, что день только что угас. А еще картина говорит, что вся природа, как хорошо поработавший человек, должна отдыхать.

Картина «Свежий ветер. Волга» взбодрит любого. Энергию излучает и сам солнечный день, и голубое небо. Чтобы оно не устало от своей яркости, ему подарены пушистые и объемные светлые облака, низко плывущие над водой. На Волге ветрено: ветер разметал облака, поднял рябь на ее широкой синеве, раздул парус баржи. Труженица-река быстро и неустанно катит свои воды, открывая просторы для пароходов, лодок, барж. На фоне синевы воды они кажутся особенно нарядными. Используя сочетание ярких, контрастных цветов: синего, красного, белого и зеленого, Левитан сумел передать характер пейзажа, в котором все полно движения, радости жизни.

Утренняя тишина на картине Куинджи, замирающие звуки в картине «Вечер на Волге» сменяются здесь звуковой насыщенностью: плещется река, кричат чайки, переговариваются рыбаки, гудят пароходы. Конечно, эти звуки ты не слышишь, но полнокровную жизнь реки невозможно себе представить без этого звукового сопровождения.

Лес

Оказаться в лесу, понять всю его таинственную красоту тебе поможет Иван Иванович Шишкин. Он родился в городе Елабуга Вятской губернии и провел детские годы среди могучей прикамской природы. Был он блистательным рисовальщиком, с твердой рукой и верным глазом. Вот почему его путь в искусстве — преодоление жесткой графической четкости и линейности в живописи. Много путешествуя по России, он делал бесконечные наброски с *натуры* в лесах близ Елабуги, своей родины, писал вологодские, тверские леса, смешанные леса Прибалтики близ Нарвы. Иногда натурный этюд оказывался так хорош, что не требовал никакой доработки, превращаясь в законченное произведение. Так случилось с этюдом «Сосны, освещенные солнцем».

Глядя на картину, кажется, что каждая чешуйка коры стройных сосен купается в солнечных лучах. Художник великолепно передает освещенные солнцем медно-красные стволы, покрытые снизу зеленоватым мхом, густые фиолетовые тени, отбрасываемые ими на траву. Деревья свободно растут на прогретой солнцем сухой почве. Особенность творчества знаменитого пейзажиста заключалась в том, что он умел передать «портретность» того или иного дерева. Крепкие, не похожие друг на друга, цепко держащиеся за землю деревья живут на полотне своей собственной жизнью.

Во второй половине 1880-х годов Шишкиным были созданы картины, рисунки, гравюры, навеянные природой Сестрорецка с его огромными и мощными дубами. Еще учащимся Академии художеств он во время летней практики оказался в деревушке Дубки под Сестрорецком. Место это было чудесное. «Лес из дубов, посаженный Петром Великим на берегу моря, — и есть особенно отмеченные, которые им собственноручно посажены, — колоссальные дубы», — писал художник родителям. Для мастера дубы были воплощением особой силы и мощи природы. Вот почему к этой теме он обращается много раз: в 1882 году написал картину «Дубки», в 1886-м создал рисунок «Побережье дубовой рощи Петра Великого в Сестрорецке», по которому была написана картина «В заповедной дубовой роще Петра Великого (в Сестрорецке)». Потом были написаны в 1886 еще одни «Дубки» и наконец в 1887 — «Дубы» и «Дубовая роща». Эта картина напоминает звучный радостный хор, исполняемый сильными голосами. Все в ней наполнено ликующей радостью. Это только кажется, что данный уголок природы подсмотрен в натуре и без изменений перенесен на полотно. Картина — собирательный

16
И.И. Шишкин
(1832 — 1898)
2, 17, 18, 19, 20, 21, 43, 45, 66, 78, 79, 85, 114

16
И. Крамской
Портрет
И.И. Шишкина. 1886

17
И. Шишкин
В лесу графини Мордвиновой. Петергоф. 1891

18
И. Шишкин
Сосны, освещенные солнцем. 1886

образ, созданный на основе многих этюдов. Для того, чтобы подчеркнуть мощь дубов-великанов, Шишкин уводит их кроны за верхний край полотна. А для того, чтобы сложилось впечатление о большом лесе, в соответствии с законом *перспективы*, художник пишет в глубине картины деревья поменьше, видные полностью. Чередование света и тени на траве и стволах деревьев подчеркивает теплоту летнего дня. Кажется, что даже воздух напоен теплом!

«Зимних» картин у Шишкина немного. Хотя зима всегда красива и необыкновенна: она заботливая и опрятная хозяйка, укрывающая снегом всю непривлекательность неухоженной земли. Интересной задачей показалось художнику передать зимнее оцепенение природы — картина «Зима». В этом хвойном лесу все (и деревья, и снег) погружено в легкую тень быстро уходящего дня. Следы давнего бурелома занесены снегом. В картине царит особая тишина, сквозь которую с трудом пробивается слабый розоватый свет низкого солнца. Художником было сделано несколько вариантов этой картины, на которых изображены заснеженные корни, пни и коряги.

Тихая жизнь леса в надвигающихся сумерках, его скромная красота пленяют нас в картине «В лесу графини Мордвиновой. Петергоф». Полотно построено таким образом, что зовет войти в картину, неслышно ступая по мягкой, покрытой мхом лесной поляне. Мы быстро преодолеем молодую поросль на опушке, пройдем мимо старенького лесника и углубимся в сгущающуюся темноту. Заметь, как, ритмически повторяясь, «уходят» деревья в глубину леса. Шишкин бережно прописывает то серебристо-серые, то серебристо-зеленые, то пепельно-розовые стволы елей, словно тронутых сединой. Меняющиеся оттенки зеленого, серого, голубого и коричневого составляют *колорит* этой картины.

Шишкина по праву можно считать певцом русского леса. В области эпического пейзажа русское искусство не знало художника, равного Шишкину. Об этом писал ему знаменитый художник Виктор Васнецов: «Если дороги нам картины природы нашей дорогой и милой Руси, если мы хотим найти свои истинно народные пути к изображению ее ясного, тихого и задушевного облика, то пути эти лежат и через Ваши смолистые, полные тихой поэзии леса. Корни Ваши так глубоко и накрепко вросли в почву родного искусства, что их никем и никогда оттуда не выкорчевать».

19
И. Шишкин
Дубовая роща. 1887

20
И. Шишкин
Зима. 1890

21
И. Шишкин
Утро в сосновом лесу. 1886

Море

Ты уже знаешь, что картина, изображающая море, называется мариной, а художник, пишущий морскую стихию, именуется маринистом. Самым известным маринистом был Иван Айвазовский. Для этого были предпосылки: родился он в приморском городе Феодосия, в Крыму. Небольшой дом родителей стоял на возвышенности, откуда хорошо была видна морская даль. Мудрые люди говорят, что человек никогда не устает смотреть на огонь и воду. Вечно меняющееся море, то спокойное, то взволнованное, его изменчивый цвет, необузданная стихия — все это стало главной темой в творчестве Айвазовского.

22

И.К. Айвазовский
(1817 — 1900)
22, 23, 24, 25, 26, 27

22
И. Айвазовский
Автопортрет
1892

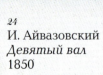

Шестнадцатилетним юношей, в 1833 году, прибыл он в Петербург и был принят на учебу в Академию художеств, которую окончил через четыре года с Большой золотой медалью. Началась яркая творческая жизнь, сначала в Крыму, а с 1840 года — в Европе, куда он отправился как пенсионер Академии художеств. Потом Айвазовский был художником Главного Морского штаба и оказался первым живописцем, чьи способности были оценены настолько, что он был приглашен участвовать в походах русской флотилии. Он работал на Балтийском флоте, посетил с морской экспедицией Турцию и острова Греческого архипелага, принимал участие в военных маневрах в Крыму.

23
И. Айвазовский
Буря на Ледовитом океане
1864

Рассмотри представленные на этом развороте картины. Из огромного наследия художника мы выбрали их не случайно. На каждом из полотен изображена грозная морская стихия. Морю даже в спокойном состоянии доверять опасно. Ведь его могу-

24
И. Айвазовский
Девятый вал
1850

25
И. Айвазовский
Буря на море ночью. 1849

чая сила неподвластна воле человека. А уж что говорить о море в непогоду! Тебе трудно поверить, но картину «Среди волн» художник написал в 82 года. Размерами она превосходит все, что было создано до этого: в длину — четыре с половиной метра, а в высоту — почти три метра!

Позволим себе некоторое отступление. Когда ты прыгаешь, то не задумываешься над тем, как отталкиваешься от земли. А если играешь в мяч, ты только догадываешься о силе ускорения, которая позволяет твоему мячику высоко взлетать. В движениях волн тоже есть свой «расчёт». Наступательное движение внизу, в глубинах, у дна, даёт толчок к формированию волны. Мгновенно набирая силу, она начинает увеличиваться, расти, достигая своей верхней точки. Потом, как бы изнемогая под собственным весом, волна начинает своё обратное движение вниз, рассыпаясь кружевной пеной. А издали, из глубины приближаются все новые и новые волны, и закономерность этого движения неизменна, как смена дня и ночи.

«Буря на море ночью» застала парусник далеко от берега. Может быть, хорошо, что вдали от берега, иначе он непременно разобьётся о прибрежные скалы. Но тогда откуда ждать помощи? А если корабль потонет, удастся ли людям спастись («Девятый вал»)? Как надежда на спасение в углу полотна слева возникает многоцветная дуга («Радуга»). Именно в такой последовательности рассматривая картины, убеждаешься, что Айвазовский — художник-*романтик*. Хотя у него много картин с ясным небом и спокойным морем, главное для него — буря и противоборствующие ей люди.

Как же Айвазовский писал свои картины, как собирал подготовительный материал? Всю жизнь он наблюдал за морем. Дома, в Феодосии, вставал в 5 утра и несколько часов сидел на берегу моря, наблюдая его изменчивую жизнь. А потом по памяти в своей *мастерской* писал картины. Писал он их быстро, ибо в его сознании отчётливо запечатлевались все события на море, о которых он читал и свидетелем чего был сам. Так, ему врезалась в память буря, которую он пережил в Бискайском заливе в 1844 году. Шторм был такой силы, что судно сочли погибшим вместе со всем экипажем. Много позднее художник записал: «Страх не подавил во мне способности воспринять и сохранить в памяти впечатление, произведённое на меня бурею как дивною живою картиной».

Россия — страна, омываемая многими морями, — дала искусству нескольких ярких маринистов, но Айвазовский был среди них наипервейшим!

25

26

27

26
И. Айвазовский
Среди волн
1898

27
И. Айвазовский
Радуга. 1873

Камерный пейзаж

28
А. Пластов
На деревенской улице
1961

29
С. Герасимов
Зима. 1939

К.А. Коровин
(1861 — 1939)
3, 31, 58, 100

30
В. Серов
Портрет художника К. Коровина
1891

31
К. Коровин
Зимой. 1894

После просмотра картин Левитана, Шишкина, Айвазовского у тебя могло возникнуть мнение, что только такие большие, *монументальные* произведения и достойны именоваться пейзажами. А как же быть с теми уголками природы, которые находятся непосредственно рядом с тобой? И заслуживает ли внимания пейзажиста какой-нибудь скромный мотив? Давай оденемся потеплее и выйдем на деревенскую улицу. Аркадий Пластов постоянно жил в деревне Прислониха Ульяновской области. Он любил свою Прислониху в любое время года. Деревенская жизнь подсказывала ему темы и для больших монументальных полотен, и для скромных *камерных картин*. Резвый бег деревенской лошадки, с любопытством глядящие на приближающуюся собачонку гуси — все нехитрые события дня запечатлены на пластовской картине.

28

29

В маленьком зимнем пейзаже Константина Коровина «Зимой» так же, как в пейзажах Пластова, Серова и Герасимова, опоэтизированы самые скромные сельские уголки. Наша задача — научиться внимательно рассматривать картину. В книге ты изучаешь репродукцию, которая не всегда бывает точна. Лучше рассматривать картину в музее. Итак, Коровиным написан скромный деревенский домик, на заборчике висит тряпка, своим цветом напоминающая снег в тени. В желтоватые сани запряжена темная лошадка. Перед домом береза, вдали лес. Вглядись, какими тонкими цветовыми оттенками

31

переданы серые бревна избы, изгородь, цвет дуги, бархатистая шерсть лошади, *рефлексы* снега на санях. Снег, вбирая в себя цвета окружающих предметов, наполнен тонкими цветовыми переходами. Живописные средства необходимы художнику, чтобы передать хмурость серого зимнего денька и при этом создать *лирическое настроение*. Вся картина Коровина пронизана ожиданием действий. Кажется, что лошадка сейчас тронется с места, а из избы, возможно, выйдет человек, чтобы сесть в сани. Выразительны деревья, их стволы и сучья. Внимание ко второму плану проявляется в том, как написана деревушка и дальний лес.

32
М. Гермашев
Снег выпал
1897

Заметь, как в пейзаже «Зимой» В. Серова из-за сарая, слева, прямо на зрителя выезжают запряженные лошадью сани с ездоком. Их неожиданное появление подчеркивает правдивость запечатленного момента. А темный основательный сарай расположен в обратном направлении — слева направо. На пересечении направления сарая и движения санного пути изображена бодро трусящая лошадка. Противопоставлены друг другу не только расположение сарая и колеи. Контрасты присутствуют и в самом изображении сарая: его плотно пригнанные бревна составляют темный массив, а торчащие вертикально острые колья на крыше — резкий *диссонанс* им. Красочная гамма картины — сложное и тонкое сочетания серых, коричневых и белых цветов. Цветовой строй хорошо передает неяркий зимний денек, низко нависшее небо. Картина Серова — результат обобщенных впечатлений от природы. Сохраняя непосредственность и свежесть этюда, этот пейзаж свободен от случайности, однозначности, фрагментарности и носит картинный характер.

«Зима» Сергея Герасимова — одно из самых поэтичных его произведений. Глядя на это небольшое полотно, кто-то вспомнит стихотворение А.С. Пушкина «Зимнее утро», а те, кто занимается музыкой, — «Зимние грезы» П.И. Чайковского. В скромном мотиве — заснеженная деревенская околица, серенький денек — царит тишина, нарушаемая скрипом санных полозьев и лаем собачонки. Но этот деревенский мир отнюдь не сонный. *Силуэт* человека на светлом снегу, голубые следы на переднем плане подсказывают, что этот мир вполне обустроен. Удивительные серебристые тона картины придают ей почти родниковую чистоту.

Рассмотрев все четыре произведения на этой странице, подумай вот о чем: изображение лошадки, избы или забора выглядит вроде бы совсем обыденным и не очень привлекательным. Но разве «обыденное» не заслуживает того, чтобы быть изображенным? В записях разных лет Коровин замечает: «Пейзаж нельзя писать без цели, если он только красив, — в нем должна быть история души. Он должен быть звуком, отвечающим сердечным чувствам. Это трудно выразить словом, это так похоже на музыку». А еще очень важно понять, что создание таких камерных пейзажей стало возможным потому, что Коровин учился у знаменитого пейзажиста Алексея Саврасова. От него он усвоил такое понятие, как лирический пейзаж. А Серов и более молодые художники, Герасимов и Пластов, хотя и не учились у Саврасова, иногда продолжали его традицию.

33
В. Серов
Зимой. 1898

Лирический пейзаж

А.К. Саврасов
(1830 — 1897)

И. Волков
Портрет художника А.К. Саврасова. 1884

В. Бялыницкий-Бируля
В начале весны

Слава, которую принесла Алексею Саврасову картина «Грачи прилетели», казалась ему запоздавшей: уже в 24 года он имел звание академика живописи. Но только в 41 год, после написания «Грачей», признание его искусства стало всенародным. Почему и сегодня, зная пейзажи Шишкина, Куинджи, работы учеников Саврасова, Константина Коровина и Исаака Левитана, мы наслаждаемся тихой прелестью «Грачей»?

В 1870 году Саврасов поехал на Волгу. Именно тогда ему по-настоящему открылась красота и очарование родной природы. Он оценил тихую прелесть старых, искривленных берез, луж растаявшего снега, церкви и колокольни с облупившейся штукатуркой. Никогда до этого в русской пейзажной живописи не было картины, где бы так передавалось весеннее тепло, свежесть воздуха, словно насыщенного запахами мокрой коры и тающего снега, согретого лучами солнца.

Художник впервые с такой убедительностью открыл зрителю, то есть нам с тобой, поэтическое обаяние и содержательность самого обыденного и одновременно типичного русского пейзажа.

При создании картины Саврасов использовал этюд, написанный с натуры в селе Молвитино Костромской губернии. Однако в произведении сказались и многие другие впечатления. Картина полностью отвечала тому, что искал в пейзажах основатель знаменитой галереи Павел Третьяков: «Мне не нужно ни богатой природы, ни эффектного освещения, никаких чудес — дайте мне хоть лужу грязную, да чтобы в ней правда была, поэзия, а поэзия — дело художника. Она во всем может быть».

В тверском озерном крае нашел Исаак Левитан мотив, который потом превратился в картину «Весна. Большая вода».

*По колено застыли в воде,
Как неловкие сестры-подростки,
И дрожат на весеннем ветру
Тонкоствольные эти березки.*

Лирическое настроение этого полотна рождает в нас те же чувства просветленной радости, что и картина Саврасова «Грачи прилетели». Это одно из

самых музыкальных творений Левитана. Тончайшая *гармония* мягких цветовых отношений — неба, земли, воды, деревьев — рождает ощущение невидимого движения весеннего воздуха. *Ритм* тоненьких хрупких стволов, их отражение в воде словно дает начало прозрачной и легкой мелодии, заполняющей пространство картины.

Николаю Ромадину отец не разрешал рисовать, считая, что художник — несерьезная профессия для мужчины. Сам он, железнодорожный рабочий, перегоняющий вагоны далеко на юг, в сторону Ташкента и Кушки, возвращаясь домой, брался за краски и с упоением писал море, которого никогда не видел. Когда отец отсутствовал, Николай нарушал запрет: его красками рисовал улицу возле дома, вид из окна, лица знакомых. Потом он учился в Москве и стал не просто известным пейзажистом, но создателем своих, неповторимых «ромадинских» пейзажей. Их отличает лирический настрой, умение найти в скромной среднерусской природе тончайшую красоту («Керженец»).

Лесная речка Керженец
Подвижна и быстра.
Лиловый на деревьях пух —
Уже идет весна.

Прозрачная поэтичность его тихих картин сочетается с ожиданием чего-то необычайного, сказочного. Эту сказочность хорошо описал сын Николая Ромадина, тоже художник, Михаил Ромадин: «Отец выработал свой, ромадинский стиль мистического пейзажа. Ветки деревьев он писал в том направлении, как они растут, движением кисти от ствола в сторону. В ветвях леса часто рисовал молящегося старца, которого затем плотно записывал ветвями деревьев, — вроде бы чистый пейзаж, а дух присутствует».

Обрати внимание, что на этих картинах изображено одно время года. Это не случайно: именно весна с ее неяркой прелестью наполняет души людей особым чувством ожидания. Для детей это бодрое ожидание тепла, каникул, свободы. А во взрослых весеннее пробуждение природы вселяет надежду на обновление чувств.

36
А. Саврасов
Грачи прилетели. 1871

37
Н. Ромадин
Керженец
1946

И.И. Левитан
(1860 — 1900)
1, 13, 14, 38, 44, 48, 63, 84, 108

39
В. Серов
Портрет И.И. Левитана. 1893

38
И. Левитан
Весна. Большая вода. 1897

Золотая осень

46
И.С. Остроухов
(1858 — 1929)

47

46
В. Серов
Портрет художника И.С. Остроухова. 1902

47
И. Остроухов
Золотая осень
1887

48
И. Левитан
Золотая осень
1895

Осень — щедрое на дары, праздничное, нарядное по цвету время года — всегда радовала поэтов и художников. Помнишь знаменитые строки Александра Пушкина: «Люблю я пышное природы увяданье, в багрец и золото одетые леса»?

У Ильи Остроухова многоцветие осени собралось в яркий веселый ковер. Глядя на его картину «Золотая осень», ты знакомишься с таким понятием, как декоративное решение темы. Чередующиеся желтые, лимонные, оранжевые листья могли бы составить нарядный орнамент, если бы расположились на земле или ветвях в организованном порядке.

Остроухов начал заниматься живописью уже взрослым человеком. Он стремительно вошел в круг известных пейзажистов: в 1887 году знаменитый коллекционер Павел Михайлович Третьяков прямо с выставки приобрел его «Золотую осень». Эта небольшая картина (48,2 х 66,3) и сегодня пленяет зрителей своим тонким лиризмом. Но она ведет разговор о золотой осени на примере маленького уголка леса. А у Исаака Левитана на картине разворачивается большой пространственный пейзаж.

В его «Золотой осени» природа торжественна и красива. Не хочется ли тебе войти невидимым в нее и неспешно отправиться в глубь полотна? Речка уже по-осеннему холодна и кажется уснувшей, а деревья еще хранят в своей листве память о тепле летних дней и веселом пении птиц. Беглый взгляд на полотно позволяет думать, что она вся заполнена желтой краской. Но это неверно. Обрати внимание на червонное зо-

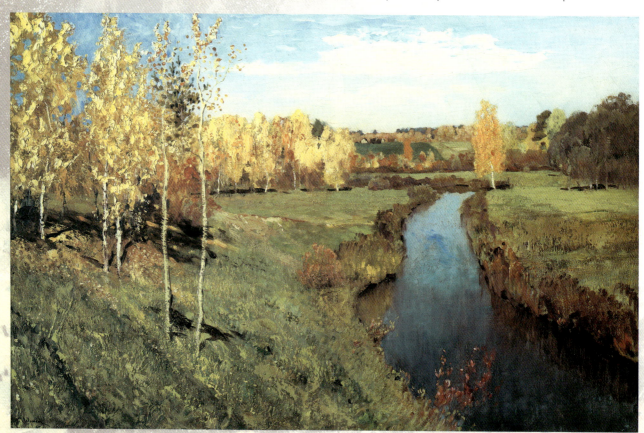

лото листвы, на то, как художник смело и энергично прописал голубое небо. А как выразительны яркая зелень озимых и темная синь реки, на фоне которой вспыхивают покрасневшие листья боярышника! Всем, кто учится рисовать, обычно не советуют пользоваться черной краской. А как же у Левитана написаны тени от деревьев? Приглядись к богатству его цветовой *палитры*. Те, кто занимается музыкой, в расположении деревьев почувствуют музыкальный ритм. Еще современники художника заговорили об особенностях левитановских пейзажей, назвав их «пейзажами настроения».

Если в картину Левитана мы готовы были войти, то картина Василия Поленова зовет тебя... полететь. Высокая линия горизонта необходима художнику не для того, чтобы ограничить простор неба, а для того, чтобы шире дать пространство земли. Мы сначала не замечаем на переднем плане землю, покрытую пожухлой травой. Наш взгляд «перепрыгивает» через осеннее золото перелесков, которые контрастируют с глубокой зеленью деревьев-великанов, и устремляется к реке. Любимая художником Ока, на берегу которой он выстроил себе дом и мастерскую, холодна и спокойна. Она так естественно расположилась меж двух берегов: одним — низким и другим — мягко поднимающимся к белой церковке и колокольне на холме. Мир на этой картине кажется беспредельным и рождает у каждого зрителя созерцательное настроение. Ощущение радости полета не оставляет, когда ты смотришь на этот панорамный пейзаж.

Обрати внимание: ты шуршал листьями на картине Остроухова, незримым входил в пейзаж Левитана, летал над приокским простором Поленова. От таких приключений можно устать. Но не торопись домой. Полюбуйся золотой осенью ранним вечером на картине Николая Крымова.

Возможно, о такой осени писал знаменитый поэт Иван Бунин:
Лес, точно терем расписной, —
Лиловый, золотой, багряный,
Веселой, пестрою стеной
Стоит над светлою поляной.

Какие удивительные розовые облака! Лес справа, как в стихотворении Бунина, и лиловый, и багряный. А кое-где талантливая художница-осень только начала изменять цвет деревьев. Так они и стоят: снизу — зелено-коричневые, а вершины подкрашены тусклой охрой.

Рассмотрев эти картины, ты понимаешь, что каждый художник — неповторимый талант. Даже если мастера выбирают одну и ту же тему, картины будут разными. И снова, как на странице с березовыми рощами, возникают вопросы. В каком осеннем пейзаже ты себя чувствуешь уютно, а где величие и красота золотой осени подавляют тебя?

49
В. Поленов
Золотая осень
1893

50
Ф. Васильев
Болото в лесу. Осень. 1872

51
Н. Крымов
Осенний вечер. Золотая осень. 1915

Пейзаж с купальщицами

Константин Сомов принадлежал к той группе талантливой петербургской молодежи, которая, еще обучаясь в гимназии, начала заниматься самообразованием в области искусства. Потом кто-то из их кружка поступил в университет, кто-то — в консерваторию, а Сомов выбрал Академию художеств. После пяти лет учебы он был принят в мастерскую Ильи Репина, где и стал заметен его творческий рост.

В 1900 году на выставке нового художественного объединения «Мир искусства» были представлены несколько работ Сомова и среди них — «Купальщицы». В этой картине впервые появилась «сомовская зелень» — чистая и яркая, основанная на натурных наблюдениях. Картину можно назвать поэмой напоенного солнцем зеленого цвета, изменяющегося от светлых, охристых тонов на свету до изумрудных, малахитовых в тени. Незатейливая сценка увидена сверху, и только небольшая полоска неба да мелькающая вдали вода создают ощущение перспективы. Маленькие фигуры купальщиц на переднем плане картины позволяют ощутить прелесть летнего зноя и тенистой прохлады.

52
К. Сомов
Купальщицы
1899

К.Ф. Юон
(1875 — 1958)
40, 53, 54

53
К. Юон
Автопортрет
1953

54
К. Юон
Июль. Купание
1925

В картине Николая Крымова, изображающей купальщиц на берегу небольшой речки, передана та связь с природой, которую так любили прославлять поэты-*символисты*. Любя писать воду, Крымов со вниманием и интересом наблюдал за эффектом отражения. «Перевернутый», отраженный мир на полотне удваивался и изменялся в тоне.

В ценимом художником европейском XVII веке такую работу, вероятно, назвали бы «Пейзаж с купальщицами». Крымов же называет свое произведение незатейливо — «Летний день». Приятная нега будто разлита по зеленому берегу, где расположились пять купальщиц. Их мягко светящиеся розово-золотистые тела, пронизанные солнцем и окутанные влажными испарениями, нежно контрастируют со светлой травой. Расположенные в центре картины, они стали объединяющим началом на полотне, но главным действующим лицом картины является образ природы. Лишенные кукольной грации сомовских героинь, купальщицы Крымова воспринимаются естественной частью этого летнего дня на берегу реки.

Андрей Мыльников картиной «Гроза» выступает как убежденный романтик. Гроза нарушила *идиллию* — единение человека с природой. Но может быть именно здесь и кроется гармония: в столкновении света и тени, земли и неба, человеческого, быстротекущего и вечного. А взрослые зрители, хорошо знающие искусство, вспоминают драматическую живопись испанского художника Эль Греко.

Всех купальщиц, которых мы видели, равно как и картины, на которых они изображены, объединяет то, что они написаны с натуры. А произведение Сарь-

55
Н. Крымов
Летний день
1914

яна «Озеро фей» стоит среди них особняком.

Прежде всего отметим сказочность выбранного мотива. Черноволосые феи, со светлыми, будто из алебастра, телами, медленно входят в нежно-голубую воду. Их крошечные фигурки не потревожат ее так же, как не потревожат небо быстро пролетающие птицы. Да и земля не испытывает неприязни к мирно пасущейся серне. То есть все живущие на земле пребывают на картине в полном ладу друг с другом.

56
А. Мыльников
Гроза. 1975

В книге «Моя жизнь» Сарьян так описывает поездку к этому красивейшему месту: «Я задумал непременно повидать высокогорное озеро Чалдырь. ...За версту до озера мы въехали в густую бамбуковую рощу. Вытянутое с севера на юг озеро со всех сторон было окружено синевато-зелеными горами. Словно поднятая высоко чаша, озеро сверкало прозрачной гладью воды, как зеркало в лучах утреннего солнца. По своей красоте и нежности тонов оно показалось мне красивее всех виденных мной морей и озер». А что еще необычного в этой работе? Заметил ли ты, что это единственная во всей книге *графика*, а не живопись? Написанная гуашью на бумаге, она сохраняет сказочную легкость, как и изображенный на ней мир.

57
М. Сарьян
Озеро фей
1905

Портрет, модель или стаффаж?

Ныне хорошо знакомое всем подмосковное Абрамцево когда-то было летним домом одной замечательной семьи. У Саввы Ивановича и Елизаветы Григорьевны Мамонтовых, а именно их семье принадлежала эта усадьба, гостили с чадами и домочадцами многие друзья-художники. Иногда они снимали себе жилье поблизости, но все равно любили проводить время в гостеприимном Абрамцеве.

58
К. Коровин
Летом. 1895

35-летний Илья Ефимович Репин к 1879 году уже написал знаменитых «Бурлаков на Волге», окончил Академию художеств, пожил как пенсионер петербургской Академии художеств в Париже. Вернувшись, он с увлечением работал над новыми картинами и портретами. «Летний пейзаж» — работа для него необычная. Это этюд с натуры, которому Репин придает картинную законченность. Не считая себя пейзажистом (Академию художеств он закончил по классу *исторической живописи*), художник тонко чувствовал красоту окружающей природы. Он с особым вниманием пишет густые зеленые заросли и свою молодую жену — Веру Алексеевну.

В светлом платье с длинными рукавами она неторопливо идет по старому мостику. Сам живописный строй полотна вполне традиционен: приглушенная охра земли и дощатого мостика, палевое платье контрастируют с темнотой оврага. Казалось бы, сюжет картины столь конкретен, что ее можно было бы считать портретом. Но название подсказывает, что главным в этой небольшой картине был для Репина именно пейзаж.

59
И.Е. Репин
(1844 — 1930)
ил. 59, 60

59
И. Репин
Автопортрет
1887

Веселый, беззаботный Константин Коровин в своих небольших произведениях всегда умел рассказать о красоте жизни, об очаровании любого скромного уголка природы. Для него в картине нет мотивов возвышенных и низменных. Подумай, зачем на полотне, названном «Летом», он написал деревянную бочку? Кажется, она совсем не со-

60
И. Репин
Летний пейзаж (Вера Алексеевна Репина на мостике в Абрамцеве). 1879

ответствует очарованию прелестной дамы, нюхающей сирень. Но то направление в искусстве, которое воплощает живопись Коровина, называется импрессионизм. Именно мгновенное, краткое впечатление от того, что видит художник, им и передано на холсте. Он сумел рассказать и о ярком солнечном дне, и о тени, которая царит в этом уголке сада. Писал он быстро, самозабвенно, даже внизу картины остался незаписанный холст. Крупными мазками ложится краска на платье, на листве. А прозрачная сиреневая тень на одежде дамы, почти такая, как цветы, становится тонким цветовым переходом от света к темной листве.

Многоцветная, наполненная сложными чувствами картина Борисова-Мусатова названа «Весна». Тут и ветви цветущей вишни, образующие узоры на фоне неба и розоватой стены дома, и готовые облететь одуванчики, и прозрачный воздух, и тоненькая девушка в светлом платье, идущая через сад. Каждую из частей картины художник пишет по-разному: внизу полотна, там, где изображена трава, тонкие стволы вишен, — мазок длинный, вертикальный. А когда он пишет небо, цветы и ветви, мазок становится коротким и закругленным. Написанная в самом начале XX века, эта картина, где перечислены все признаки поздней весны, где так живо представлен красивый уголок сада, не является ни портретом, ни пейзажем. Она наполнена едва уловимыми *символами*. Главное в ней — благоуханная тишина, заполняющая все полотно. Грусть об уходящей весне, воплощенной в образе девушки в красивом, с нежными цветочными узорами платье, так же мимолетна, как и короткая жизнь быстро облетающих одуванчиков.

Уже само название картины «Пейзаж с женской фигурой в красном» подчеркивает, что для Николая Крымова при работе над этим полотном главным был сам пейзаж, а не находящаяся в нем модель. Именно пейзаж занимает на холсте наиболее важное место. Большие размеры холста (91 х 130) и взгляд художника сверху позволяют ощутить всю значительность старого заросшего парка.

Глядя на это произведение, задумайся о том, как долго и медленно росли эти деревья, сколько поколений людей сменилось за то время, что они мужали. А еще этот пейзаж напоминает театральные декорации. Когда-то, в XVIII веке, в петербургской Академии художеств учили, что, работая над пейзажем, живописец должен выбирать *кулисное* построение. На этом полотне мощные деревья, словно боковые театральные кулисы, обрамляют солнечную поляну. Глубина полотна теряется в тени: кажется, что неплотный занавес отделяет передний план от массива деревьев. Из-за того, что они столь могучи, фигурка сидящей на скамейке женщины смотрится совсем маленькой, но ярко-красный цвет платья не позволяет ей потеряться в этом лесном массиве.

Как же быть с героиней, занимающей столь малое место на холсте? Как здесь не вспомнить европейскую традицию XVII века: помещать *стаффажи* в среду пейзажа. Крымову было знакомо это правило и для него присутствие стаффажа в картине — возможность еще раз подчеркнуть грандиозность зеленого царства.

61
В. Борисов-Мусатов
Весна
1898—1901

62
Н. Крымов
Пейзаж с женской фигурой в красном
1910

61

62

Еще раз о стаффаже

Твой глаз устал от сочной зелени лета в саду или лесу? Тогда тебя ждут новые открытия, которые дарит нам осень.

Нынче Сокольники — один из районов Москвы, а 130 лет назад это был пригород. В 1879 году на десятой ученической выставке Московского училища живописи, ваяния и зодчества 19-летний Исаак Левитан выставляет картину «Осенний день. Сокольники». И, хотя юный ученик Алексея Саврасова начал участвовать в выставках еще за два года до этого, именно данное небольшое полотно показало зрителям, что в русской пейзажной живописи появилось новое достойное имя.

63
И. Левитан
Осенний день. Сокольники
1879

Что же нового было в этой работе, чем она тронула зрителей? Ведь очарование природы Средней полосы России уже демонстрировали и Саврасов, и Поленов. У Левитана впервые отчетливо прозвучало понятие пейзаж настроения. Позднее, когда читатели познакомятся с лирическими, наполненными грустью рассказами Антона Чехова, произведения писателя и художника начнут сравнивать. А они были не только знакомы, но и дружили долгие годы. Кстати, даму в черном помог написать Николай Чехов, брат писателя, который учился вместе с Левитаном.

64
А. Грицай
Ленинград. Летний сад
1955

А теперь сравни работы Грицая и Бродского. Перед нами не просто похожий мотив, но изображение одного и того же места — красивейшего Летнего сада. Город, в котором разбили этот сад, тогда назывался Санкт-Петербургом, потом он стал Петроградом, а когда писались эти картины, город назывался Ленинградом. Сегодня ему возвращено старое название — Санкт-Петербург.

65
И. Бродский
Аллея Летнего сада осенью. 1928

Перед нами Летний сад осенью. Но какие разные задачи ставили перед собой художники, когда писали эти пейзажи! В картине ученика Репина Исаака Бродского «Аллея Летнего сада осенью» преобладает графическое начало. Утонченно и изысканно

66
И. Шишкин
Дождь в дубовом лесу
1891

он изображает почти прозрачные кроны деревьев. Их тянущиеся вверх стволы составляют красивый — музыкальный — ритм. Тонкие сиреневые тени на земле от стволов — еще одно ритмическое построение в картине. Самое интересное: какая избрана точка зрения? Кажется, что так увидел эту аллею не взрослый человек с высоты своего роста, а совсем маленький ребенок. Такое построение называется «лягушачьей» перспективой. Догадываешься, почему возникло такое название?

Картина Алексея Грицая «Ленинград. Летний сад» более живописна. Все предметы в ней утрачивают на расстоянии четкие очертания, приобретают большую цветовую мягкость и будто растворяются вдали. Золотистое пятно осенней листвы в сочетании с неяркой охрой аллеи оттеняют мрамор застывших статуй, которые естественно и непосредственно живут в этом саду, позволяя ощутить дух столетий.

Возможно, статуи не знают,
Как будет холодно зимой.
С деревьев листья облетают,
Их ждет забвение и покой?

Рассматривая картины на этой странице, ты удивишься: «Возможно ли сравнивать эти три произведения с четвертой картиной?» Уж больно скромен пейзаж Серова. Но именно его неяркая прелесть должна запомниться читателю и зрителю.

67
В. Серов
Октябрь. Домотканово
1895

Что тут красивого? Блеклые краски,
Овцы, лошадки, парнишка босой.
Осень грустит, как ребенок без ласки.
Ты полюби эту землю такой!

Крошечные человечки, живущие своей собственной жизнью в картине Бродского, и мраморные статуи в картине Грицая, и печальная женщина в черном у Левитана — все они стаффажи на этих полотнах. Но роль их отнюдь не второстепенна. Без них и подмосковные Сокольники, и петербургский Летний сад потеряли бы очарование. А те, кого Серов написал в своей картине, отнюдь не стаффаж. Они полноценные герои этого замечательного пейзажа.

Почему художник пишет один и тот же пейзаж?

С.Ф. Щедрин
(1791 — 1830)
68, 69, 70

68
С. Щедрин
Автопортрет
1817

В 1800 году десятилетним мальчиком поступил Сильвестр Щедрин в петербургскую Академию художеств и провел в ее стенах двенадцать лет. По окончании учебы за свои успехи в живописи он получил Большую золотую медаль. Это давало право на пенсионерскую поездку в Италию, и в 1818 году молодой художник оказался в Риме. Пройдут годы упорной работы, прежде чем на юге Италии, в Сорренто, близ Неаполя, будут написаны его знаменитые «Террасы». Одна из них, пронизанная солнцем и насыщенная воздухом, написана дважды. Почему? Посмотри на «Террасу на берегу моря». Каменные столбы поднимаются от невысокого парапета, поддерживая крышу. Это всего лишь деревянная решетка, оплетенная виноградными листьями. На картине изображено раннее утро. Солнце (его мы не видим) стоит еще очень низко и проникает на террасу через боковые проемы. Оно ярко освещает землю и бросает на нее длинные тени. Второй раз Щедрин пишет террасу днем («Веранда, обвитая виноградом»). Солнце стоит высоко, и тени на земле переместились. Проникающие сверху солнечные лучи задерживаются зеленью ажурной крыши. Там, где им удается пробиться сквозь листву, они падают

ярким световым и цветовым пятном. Посмотри, как написано море и дальние скалы, как по-разному они смотрятся из-за разного освещения! Мы уже говорили о силе света, передаваемой художниками-пейзажистами, но эти мастера жили на несколько десятилетий позже Щедрина. А он был первым в русской живописи, кто поставил перед собой такие задачи.

Тебе может показаться необычным, что изображена терраса-улица, но это именно так. И, как обычно бывает на улице, здесь несколько случайных персонажей, включая ленивого оборванца с корзиной, который часто появлялся на картинах художника.

Николай Петрович Крымов, живший спустя 80 лет после Щедрина, был не только самобытным пейзажистом, но и прекрасным педагогом. Его постоянно волновала мысль, как научить молодых живописцев правильно видеть не только цвет, но и тон. «Тоном я называю степень светосилы цвета. Видеть тон гораздо труднее, чем видеть цвет. В этом каждый легко может убедиться, пробуя определить разницу в цвете двух светофоров. Что один светофор — красный, а другой зеленый, это скажет

каждый, но только немногие верно определяют, который из них светлее», — писал художник.

За долгие годы работы над пейзажами художник заметил, что в природе в сумерках все темнее, чем в дневные часы; в солнечный день все освещенные предметы светлее, чем в пасмурный день; в комнате темнее, чем под открытым небом; в лесу темнее, чем в поле, и так далее. Желая зрительно воплотить то, о чем он долго размышлял, Крымов создал учебный пейзаж-таблицу, которую назвал «Изменения в пейзаже по тону и цвету в разное время суток». Было это в 1934 году. Увидевшие ее художники были поражены, рассматривая один и тот же пейзаж, повторяющийся 9 раз, в разное время дня и ночи. Мотив был очень скромен: белый дом с красной крышей, рядом с ним поляна, заросшая травой, а вдали лес. Но этот пейзаж художником повторялся при ярком солнце, в серый день и на закате, поздним вечером и в лунную ночь. Эта работа наглядно показывала изменения тона и цвета в зависимости от времени дня и состояния погоды. Для многих художников было откровением, что окно, написанное в безлунную ночь темнокоричневой краской, ярко светилось на фоне темной зелени, стен дома и земли.

Крымов в своей замечательной таблице обобщил не только свои наблюдения, но и творческий опыт художников предыдущих поколений.

69
С. Щедрин
Терраса на берегу моря
1828

70
С. Щедрин
Веранда, обвитая виноградом
1828

71
А. Куинджи
Вечер на Украине. 1878

72
А. Куинджи
Украинская ночь. 1876

73
Н. Крымов
Изменение в пейзаже отношений по тону и цвету в разное время суток. Учебный пейзаж-таблица. 1934

Что у тебя под ногами?

74
А.А. Иванов
(1806 — 1858)
75, 76, 77, 117, 109

74
С. Постников
Портрет художника А.А. Иванова

75
А. Иванов
Вода и камни под Палаццуоло (монастырь близ озера Альбано). 1850-е

Свою знаменитую картину «Явление Христа народу» (она представлена на с. 44) Александр Иванов писал двадцать лет. Работа над грандиозным полотном заняла не только почти все творческое время, отпущенное художнику судьбой, но и заставила его работать по-новому. Для картины им были написаны шестьсот этюдов и *эскизов*, и почти половина из них — пейзажи. Художник стремился передать всю невообразимую сложность и разнообразие форм растительного мира, причудливую анатомию стволов и ветвей, игру солнечного света на трепещущей листве, поверхность земли, природу камня и воды. Среди пейзажей, созданных близ Неаполя, в Римской кампаньи (так называется местность близ Рима), в Помпеях, в парке Ариччи, на озере Неми, в Понтийских болотах — всего и не перечислишь — выделим те, где написаны камни, вода, дорога, то есть то, что лежит у нас под ногами.

Никто и никогда до Иванова не осознавал, что изображенные в пейзажных этюдах старые деревья, горы, почва — все это летопись истории земли. Именно в этих работах передано ощущение времени. Посмотри на этюд «Подножие Виковары. Камни на берегу реки». После давнишнего разрушительного падения скалы осталась гряда камней. Скала разбилась на множество осколков. Омываемые водой в течение тысячелетий, эти осколки потеряли остроту своей формы и стали более

округлыми. Мастер нашел объединяющую их серо-голубую гамму. Основной холодный тон камней усложнен пятнами охры, сверху тонко положены белила, подчеркивающие их отдаленность. Продолжением камней являются горы и кусты на дальнем плане. Поверхность воды по основному синему тону разнообразится зигзагообразными красно-коричневыми и желтыми мазками. Художник решил писать этот пейзаж на вытянутом по горизонтали холсте. Позднее такой формат у него будет часто встречаться.

В этюде «Вода и камни под Палаццуоло» отсутствие ненужных деталей придает особую убедительность. Художник тщательно продумывает не только композицию этюда, но и его цветовое решение. Многослойная живопись требовала от мастера длительной работы, хотя это и не требовалось при создании кратковременного этюда. Но Иванов по-другому работать просто не мог.

76
А. Иванов
Подножие Виковары. Камни на берегу реки. 1840-е

77
А. Иванов
Подножие Виковары, по дороге из Тиволи в Субиако 1840-е

78
И. Шишкин
Уголок заросшего сада. Сныть-трава. 1884

Пейзаж «Подножие Виковары, по дороге из Тиволи в Субиако» заставляет задуматься вот о чем: как на лице старого человека следы прожитой жизни оставляют глубокие морщины, так и на лице земли — почве — эти следы заметны. Приглядись и ты увидишь, как когда-то ручьи промыли почву, оставив каменистое русло, усеянное принесенными камешками. Чуть правее от этой высохшей промоины — невысокий удлиненный холм как следствие бушующих внутри земли сложнейших тектонических процессов. Кто сказал, что рассматривать землю и камни неинтересно? Их детальная разработка помогает ощутить глубину дальнего плана, где изображен маленький городок, деревья и дали. Для середины XIX века, когда создавался этюд, это был новый тип пейзажа с резкими ракурсами вздыбленной почвы на переднем плане.

Пора из Италии перенестись в Среднюю полосу России. Там ты увидишь «Сныть-траву». Как? Неужели Иван Шишкин, который писал мощные дубы, стройные сосны, непроходимые чащи, пишет эту скромную травку, неяркие цветочки, то есть то, что у нас под ногами? Самое время поговорить о том, что не бывает сюжетов «великих» и сюжетов «малых». Любой мотив достоин того, чтобы быть изображенным на полотне. Великий поэт XX века, Анна Ахматова, писала об искусстве стихосложения:

*Когда б вы знали, из какого сора
Растут стихи, не ведая стыда,
Как желтый одуванчик у забора,
Как лопухи и лебеда.*

79
И. Шишкин
Папоротники в лесу. Сиверская. 1883

Внимание художника-пейзажиста, влюбленного в природный мир вокруг себя, не может обойти вниманием ни траву, ни камни, ни почву, ни дорогу. Написанные как подготовительные материалы для больших картин, эти этюды несут всю выразительность и законченность серьезного живописного произведения.

Каким ты видишь небо?

Мы, горожане, редко смотрим на небо. Мир над нашими головами — это особая стихия со своей жизнью, своими законами. Почти у всех пейзажистов в картинах есть небо, но кто из них изобразил его неведомую, неповторимую жизнь?

Сын казака из Новочеркасска, Николай Дубовской вопреки воле отца уехал в 1877 году в Петербург и поступил в Академию художеств, в пейзажный класс. Самая известная его картина — «Притихло», с которой он даже делал повторение. Чувство, которое испытывает человек в момент затишья перед грозой или в промежутке между грозами, он и стремился передать. Нависшая огромная туча будто придавила воздух, и все затаилось в безмолвии. То, как художник передал огромное водное пространство и надвигающуюся стихию, напоминает более позднюю по времени картину Левитана «Над вечным покоем». В то же время декоративность и световые эффекты живописи подсказывают, что большое влияние на Дубовского оказал Куинджи.

80
Н. Дубовской
Притихло
1890

Левитановскую картину многие трактуют по-разному. Нам кажется, что главное в картине — противоборство стихий: земли и неба, природы и человека. Справа на небе видна темно-лиловая грозовая туча, огромная и тяжелая. Ближе к нам, слева направо, движется серебристо-сиреневое облако, похожее на дельфина. И еще ближе к зрителям чуть задержалось на небе легкое розовое, как шелковый шарф, облачко. Оно могло бы уплыть с холста, если бы его не уравновесил маленький островок среди водной глади. Под этим огромным небом расстилается... что? Река, залив, озеро? В основу картины Левитан взял этюд, написанный на небольшом озере Удомля, под Вышним Волочком.

81
И. Левитан
Над вечным покоем. 1894

А теперь посмотрим на землю. Высокий берег с маленькой церковкой, качающимися деревьями и старым забытым кладбищем — весь этот хрупкий мир человека противопоставлен величию природы. Ребенок рождается — его в этой церкви крестят, человек женится — его здесь венчают, он умирает — его отпевают и хоронят на кладбище. Но, увы, память о человеке недолговечна: одни кресты покосились, а другие и вовсе упали... Так можно ли сравнивать великий, вечно меняющийся мир природы с маленьким человеком, совершающим на земле столько неправых дел? Каждый человек отвечает на этот вопрос своей жизнью. Для Левитана эта картина была центральным произведением. «В ней я весь, со всей своей психикой, со всем моим содержанием», — писал он Третьякову.

Третьим произведением, где на небе громоздятся могучие тучи, готовые вступить друг с другом в страшную схватку, является картина Николая Рериха «Небесный бой».

Если человеку дорого прошлое своего народа, его обычаи, его земля, значит, этот человек должен стать историком. Если у человека жгучая потребность запечатлевать красками на холсте всю неповторимость родной земли, — быть такому человеку художником. А если перед нами счастливое сочетание живописного таланта и активной потребности осмыслить древние истоки своего народа, то это Николай Константинович Рерих.

Ученик Куинджи, которого он очень почитал и называл Учителем с большой буквы, Рерих создал особый тип *эпического пейзажа*, в котором монументальность миропонимания подсказала ему такие картины, как «Небесный бой». Есть что-то сказочное в густо-синем пенистом море с древними ладьями, в медно-желтом вечернем небе с грядой причудливых облаков, словно яростно наступающих друг на друга. Картина наполнена тревожным настроением и таинственными символами.

Если ты устал от созерцания мощи небесной стихии, то посмотри на картину Павла Кузнецова. Это, скорее, символическая картина, а не пейзаж. Мирная, ничем не омраченная жизнь в заволжских степях, возможно, просто мираж, пригрезившийся усталому путнику. А удивительные всплески облаков на небе, напоминающие струи фонтана, и бестелесные светлые существа, возможно, ангелы, мелькающие на небе справа, это тоже мираж?

82
П. Кузнецов
Мираж в степи. 1912

83
Н. Рерих
Небесный бой. 1912

Н.К. Рерих
(1874 — 1947)

84
Б. Кустодиев
Портрет Николая Константиновича Рериха
1913

85
И. Шишкин
Полдень. В окрестностях Москвы. 1869

Как «сегодняшний» пейзаж стал историческим

92
А. Голицын
Санные гонки в Петровском парке
1830-е—1840-е

93
В. Поленов
Московский дворик. 1878

Живя в Париже после окончания Академии художеств, Василий Поленов решил: по возвращении в Россию следует поселиться в Москве! Так он оказался в одном из арбатских переулков, где снял себе жилье. За окном художник увидел то, что потом написал в картине «Московский дворик». Скромный, заросший травой и ромашками двор наполнен совсем непоэтичными деталями: колодец, сарай, большой деревянный ящик для мусора. Но все вместе делает двор «живым», обитаемым. Дворик не безлюден: идет женщина с ведром, стоит запряженная лошадь, возятся дети — этот московский уголок рассказывает о жизни своих обитателей, да и обо всей патриархальной Москве. Эта «старинность» жизни подчеркнута благородным соседством нашего дворика с красивым особнячком, частично освещенным солнцем. Мягкое живописное свечение теплого летнего дня, тишина арбатского переулка, неторопливость протекающей жизни, похожей на сельскую, — все изображенное на полотне соотносится с понятием «счастье». Именно об этом размышлял и сам художник: «Мне кажется, что искусство должно давать счастье и радость, иначе оно ничего не стоит». А еще это произведение отвечает задачам не только «пейзажа» как жанра, но и такому понятию, как *«бытовая картина»*.

То, что написал художник, давно ушло в прошлое. Взгляд из сегодняшней жизни позволяет увидеть в этом полотне все признаки исторической картины.

Тебе, наверное, кажется, что мир вокруг неизменен. И вчера, и завтра на твоей улице будут стоять все те же дома. Да и как может измениться город? Он ведь каменный. Оказывается, может. Если бы ты забрался на крышу большого дома где-нибудь в конце Тверской улицы и стал смотреть в сторону Белорусского вокзала, то увидел бы совсем не то, что открылось взгляду Александра Осмеркина. Он в 1924 году увидел широкую, но не нарядную Тверскую улицу. Тогда по ней ездили трамваи, а заканчивалась она красивой Триумфальной аркой, построенной еще в XIX веке, в честь победы над Наполеоном. Трамвайные пути давно исчезли, исчезла и Триумфальная арка. Сначала ее просто разобрали, чтобы она не мешала потоку машин. Потом восстановили, но в другом месте — на Кутузовском проспекте, недалеко от Бородинской

94
А. Осмеркин
Москва. Тверская. 1924

95
А. Дейнека
Окраина Москвы. Ноябрь 1941 года
1941

панорамы. Так городской пейзаж Осмеркина стал документом, сохранившим то, что исчезло безвозвратно.

Картина Александра Дейнеки «Окраина Москвы. Ноябрь 1941 года» переносит нас в трагические дни Великой Отечественной войны. Спроси у своих родных, кто из близких сражался на войне, и ты узнаешь, что почти в каждой семье были героические участники войны. Дейнека, любивший писать спортсменов, утверждавший в своих картинах культ молодости и здоровья, пишет трагический пейзаж. Готовясь к обороне Москвы, ее жители рыли окопы, ставили противотанковые «ежи», такие, как на картине. Хотя на полотне нет людей, но их присутствие чувствуется. Острота переживаемого момента в каждой детали картины, в том, как написан снег, как развевается брезент на мчащемся грузовике. Не случайно выбрана высокая линия горизонта. На этот прифронтовой город мы смотрим будто из окопа, снизу. Эта композиция делает картину еще более выразительной.

Это время печали и горя.
Только люди, с невзгодами споря,
Будут землю копать, будут ночи не спать,
Чтобы только Москву отстоять.

Сравни эти произведения. Праздничная беззаботность зимних катаний в Петровском парке и летняя тишина скромного дворика на Арбате, центральная Тверская улица и окраина города, вставшего на свою защиту. Они такие разные, но при этом все — городские пейзажи. Наш острый взгляд подметил в них еще одну особенность: когда-то они были написаны с натуры. Прошли десятилетия, поменялись века, и сегодня они несут зрителям ту полноту знаний, которую может дать историческая картина.

96
П. Верещагин
Вид Московского Кремля
1879

Лицо незнакомого города

Как верно поступили те, кто ввел в устав петербургской Академии художеств правило: учащиеся, окончившие Академию с Большой золотой медалью, имели право поехать совершенствовать свое мастерство за границу, в Италию. Там Сильвестром Щедриным и была написана картина «Новый Рим. Замок Св. Ангела». Полотно, изображающее вид реки Тибр, с башней Святого Ангела справа и громадой собора Святого Петра вдали, он повторил восемь раз, стремясь наилучшим образом решить проблему передачи воздуха и освещения. Переходя от одного варианта картины к другому, художник все более совершенствовал композицию, желая соединить в единое целое все элементы пейзажа.

97
А. Тутунов
Жемчужный Торжок. 1979

Для каждого художника увидеть другие земли, страны, города — повод расширить свои художественные впечатления, возможность обостренным взглядом увидеть новый для себя мир. Обновление творческих эмоций почувствовал Константин Коровин, когда по приглашению Саввы Ивановича Мамонтова, участвовавшего в проектировании и строительстве Северной железной дороги, вместе с другом, художником Серовым, отправился на Север. Все, что он увидел, было неожиданным. Суровые краски незнакомой природы давали возможность по-новому выразить впечатления от этих мест.

«Гаммерфест. Северное сияние» — это рассказ о новом, впервые увиденном Коровиным необычайном освещении неба, фантастическом облике северного норвеж-

98
С. Щедрин
Новый Рим. Замок Св. Ангела. 1825

ского городка. И дома, и полосы северного сияния на небе, и даже их отражение в воде пишутся им широкими мазками, а свет, тени и блики трактуются как большие массы. Архитектурная особенность Гаммерфеста в этом пейзаже уступает место невероятному по красоте явлению — северному сиянию. Позднее впечатления, полученные в этой поездке, Коровин обобщит в огромных пейзажных панно. Одно было создано для Всероссийской промышленной выставки 1896 года в Нижнем Новгороде. Другое — для Всемирной выставки 1900 года в Париже. Эти панно принесли ему всемирное признание и популярность.

99
А. Боголюбов
Венеция

В 1930-е годы поездки отечественных художников за границу не слишком практиковались. Наша страна, с ее холодом Ледовитого океана, жарой Закавказья или Средней Азии, заповедными лесами, шумом многомиллионной Москвы и другими интересными местами, давала художникам массу впечатлений, но другие страны и континенты манили многих. Из поездки по Америке Дейнека привез множество этюдов, которые носят вполне законченный характер. Выбрав уже знакомую тебе «лягушачью» перспективу, он показывает лицо незнакомого города, Нью-Йорка, подчеркивая особую невидаль для россиянина — небоскреб. Художника поразил и восхитил огромный серый гигант на фоне светло-серого неба. Далеко внизу остались жилые дома, транспорт, люди, а огромный небоскреб величественно и одиноко возвышается на картине. Россиянин, пораженный этим зрелищем, так бы и решил, что город необитаем, если бы не разноцветные вывески да стелющийся где-то внизу дым. Дейнека побывал в разных больших городах Америки, написал много пейзажей с небоскребами, но эта картина самая *урбанистическая*.

Не только далекие города, имеющие свое неповторимое лицо, достойны быть запечатленными художником. То, что рядом, но незнакомо, ждет того, кто это напишет. Иногда, помимо таланта живописца, художник обладает еще и даром слова и может описать свои чувства и впечатления. Наш современник, художник Андрей Тутунов так рассказывал о возникновении замысла картины «Жемчужный Торжок»: «Возвращаясь с озера Селигер, заехал в Торжок. Такой звенящий золотой вечер бывает только осенью. Раскаленные, густые, контрастные краски стали гаснуть с заходом солнца, и набережная города погрузилась в мягкий янтарный полумрак. Будничный городок на глазах превратился в сказку. Дома, соборы, улицы приобрели «дворцовую» праздничность. Веселые огоньки придали домам «карнавальность». Это превращение «будничного» в «праздничное» я и стремился передать на холсте». А автору этой книги захотелось впечатление от картины передать в четверостишии:

100
К. Коровин
*Гаммерфест.
Северное
сияние*
1894—1895

101
А. Дейнека
Нью-Йорк
1935

*Только осенью такой бывает вечер.
Янтарем подернулись дома.
Точно дама, что, накинув шаль
          на плечи,
Замечает: ведь красавица она!*

Промышленный пейзаж

Сегодня трудно представить, но еще 70—80 лет назад наша страна была сельскохозяйственной. В старой России было очень мало заводов, а для богатства и преуспевания страны следовало развивать промышленность. В Петербурге со времен Петра I строили корабли, а в конце XIX века начали успешно добывать нефть на Каспии. Но бурный рост промышленности начинается именно в 1930-е годы. Многие известные художники покидают свои мастерские и отправляются туда, где ведется бурное строительство индустриальных гигантов. Им было интересно передать пафос созидания, запечатлеть изменения, происходящие в облике страны.

Константин Богаевский был влюблен в Восточный Крым. После учебы в Академии художеств в классе Куинджи он вернулся на родину, в Феодосию. Художник любил писать длинные панорамные пейзажи — иногда фантастические, иногда реальные. Ветер перемен коснулся и его уединенной жизни. В 1930 году он был уже пожилым человеком, не был легок на подъем, но поддался уговорам друзей и оказался на Украине, на Днепрострое. Увлеченный новой для себя темой и невиданным размахом работ, художник начал энергично писать строительство Днепровской ГЭС. Как всегда, он оказывается блестящим мастером композиции, создавая свой «Днепрострой». Ночь на строительстве, когда работа не прекращалась ни на минуту, расцвечена множеством огней. Есть в этом зрелище что-то завораживающе прекрасное. Ощущение сказочного преобразования природы не покидает зрителя. Еще в молодости Богаевского увлекала тема городов будущего. Он их называл «фантастическими городами» и массу акварелей и картин посвятил этой теме. Собственно, Днепрострой и был для него таким «городом будущего», и на эту тему было написано 13 больших картин.

После нескольких поездок на Днепр художник в 1932 году побывал в Баку, который стал вехой в его творчестве, как ранее Днепрострой. На Каспии Богаевский с интересом пишет картины «Баку. Нефтяные промыслы». Интересную композицию строит мастер: линия горизонта делит длинный, двухметровый холст почти пополам. В дрожащем от зноя воздухе весь пейзаж повторяется дважды: сначала — ре-

102
К. Богаевский
Днепрострой
1930

103
Т. Салахов
Утренний эшелон. 1958

104
Я. Ромас
Утро первой пятилетки

альный, а потом — отраженный в воде. Все в картине: нефтяные вышки, невысокие постройки, горы и их зеркальное повторение — коричневатое и желтовато-охристое. Только блеклое от жары небо и кусочек его отражения — холодного цвета.

105
Р. Бабаев
Земля. 1963

Несмотря на изменения, которые внесли в вечную тишину Востока нефтяные вышки, пейзаж Прикаспия у Богаевского еще не динамичен. То ли дело работы Таира Салахова. Его произведения шумны, многозвучны, подчас утомительно громки, как наша сегодняшняя жизнь. Он родился в Баку, городе древней истории и такой же древней архитектуры, но при этом крупном промышленном центре. Одной из первых его работ был «Утренний эшелон». Утро природы — это и утро трудового дня. Художник пишет чистую широкую ленту асфальтовой дороги, по которой стремительно мчатся машины, а над ними по мосту едет тяжелый эшелон с нефтяными цистернами. Их красивые объемы, плавные линии хорошо сочетаются с окружающим миром. Многообразие и сложность ритмов современного города переданы Салаховым с незаурядным композиционным мастерством. Динамизм, движение рождают ощущение бодрости, энергии, душевного подъема.

1960—1970-е годы в нашей стране стали называть временем научно-технического прогресса. Художники стремились запечатлеть все приметы взлета науки и промышленности. Картина «Земля» азербайджанского художника Расима Бабаева кажется фантастической. Странные серебристые шары, вознесенные в небо, опираются, как на ноги, на черные металлические основания. Рядом нет ни людей, ни деревьев, ни зданий — у нас нет ориентира, чтобы определить величину этих шаров, хотя мы догадываемся, что они огромны. Подобно гигантским цветам, вырастают они из земли. Эти шары-газгольдеры — часть пейзажа промышленного Сумгаита. Их красивые лаконичные формы, изысканный колорит, построенный на сочетании голубоватого, желтого, серебристого, притягивают глаз. Но в столкновении природы и техники звучит тревожная нота. Глядя на высохшую, потрескавшуюся землю, замечая маленькие сухие кустики, ты понимаешь, что эта истощенная земля — уже пустыня. Была ли она такой, когда началось строительство? Оживет ли она? И созидательно ли творчество людей на этой земле? Ответ до сих пор еще не найден.

Из пяти приведенных на этой странице картин три написаны в Азербайджане. И это не случайно. XX век изменил многие земли, и мощная насыщенная индустриальная жизнь Азербайджана — тому пример.

106
К. Богаевский
Баку. Нефтяные промыслы
1932

Древняя земля

В 1845 году Александр Иванов написал знаменитый пейзаж «Аппиева дорога», вроде бы не связанный с его великой картиной «Явление Христа народу». Ведущая (и сегодня) к столице Италии, Риму, через пустынную равнину, она у художника — подлинный исторический пейзаж. В письме своему другу Н.М. Языкову Иванов рассказывает о впечатлении от того, что увидел: «...древняя дорога Аппия, имеющая по обе стороны развалины гробов римских вельмож; на втором плане — акведук, ...потом самый Рим и в середине — купол святого Петра, царствующий над всеми развалинами ...и все это при закате солнца».

107
А. Иванов
Аппиева дорога. 1845

108
И. Левитан
Остатки былого. Сумерки. Финляндия
1897

109
Н. Рерих
Пантелеймон-целитель
1916

Это произведение — пейзаж-картина. Древность земли, ее историческое прошлое сумел художник увидеть и изобразить. Кроме того, ему важно было передать предзакатное освещение. Для этого мастер сближает все цвета в передаче вечернего состояния природы. Создается величественная панорама земли как мироздания. Главное для живописца — суметь написать землю. Для передачи многообразной формы и цвета земляных пластов Иванов пользуется почти акварельной техникой: он накладывает один цвет на другой — так достигается цветовое богатство. Сначала широко кладутся мазки красной охры. Их перебивают длинные вьющиеся полосы оливкового цвета. Поверх них — сложнейшее сочетание золотистых и коричнево-красных оттенков.

Картина «Киммерийская область» Богаевского представляет древний Восточный Крым. В старину его называли Киммерией. В те далекие времена, более двух тысяч лет тому назад, по мнению художника Богаевского, родившегося в городе Феодосии, его родная земля выглядела безмолвной и безлюдной. И, хотя на склонах гор видны строения и крепостная стена, кажется, будто все замерло в этом таинственном волшебном мире. Художник показывает суровый облик первозданной земли с каменистой почвой, торжественными вершинами невысоких гор, спокойной, будто спящей, водой. Даже деревья кажутся окаменевшими. Ничто не нарушает покой дремлющей земли. В отличие от других своих панорамных пейзажей, где художник изображает много неба, здесь его почти не видно. Все внимание уделено именно земле. Ты уже знаешь, что такое символизм, и тебе должно быть понятно, что картина Богаевского наполнена глубоким символическим смыслом.

110
К. Богаевский
Киммерийская область
1910

Николая Рериха — художника, историка, археолога — привлекала та земля, которой еще не коснулось дыхание цивилизации и, значит, промышленности. Именно на русском Севере, суровом и прекрасном, сохранилась, по его мнению, красота Земли. Под «севером» подразумеваются не льдины Северного полюса, а земли близ Архангельска или Мурманска. «Причудливы леса всякими деревьями. Цветочны травы. Глубоко сини волнистые дали. Всюду зеркала рек и озер. Бугры и холмы. Крутые, пологие, мшистые, каменистые. Камни стадами навалены. Всяких отливов. Мшистые ковры богато накинуты. Желтые с зеленым, лиловые, красные, оранжевые, черные с желтым...» Согласись, что в этих словах художника чувствуются отголоски напевов старинных народных сказаний. А описанный пейзаж очень похож на картину «Пантелеймон-целитель».

На картине Александра Пантелеева, как в царстве Снежной королевы, огромные, остроконечные, сиренево-голубые неприступные горы. Они «доросли» до небес, пронзая своими вершинами облака. Кажется, что созданная миллионы лет тому назад земля навеки осталась неизменной и непокоренной. Но среди этого безмолвия появляется небольшой уголок, связанный с присутствием человека, — радиостанция. Столкновение первозданной природы и новых примет времени подчеркивается художественными средствами. Крошечная, по сравнению с великими горами, площадка, где живут и трудятся люди, говорит нам не о гибели древней земли, а о ее новой жизни.

111
А. Пантелеев
Пейзаж с радиостанцией
1973

Геометрическое решение этих древних скал подсказывает, что художник пишет картину в начале 1970-х годов, когда в живописи подчеркивалась скульптурность формы. Кажется, будто сам Творец резцом выгранил эти горы из первозданного хаоса.

Почему разговор о древней земле мы вынесли в отдельную главу? И в Италии, и в Восточном Крыму, и на русском Севере, и на Памире — всюду земля едина. Она, существующая миллионы лет, только кажется вечной, неизменной. Грубое обращение наносит ей непоправимый урон. Любуясь представленными здесь произведениями, осознай, что каждый, живущий на этой планете, в ответе за красоту и благоденствие земли.

Царица-ночь

112
М. Воробьев
Дуб, раздробленный молнией. Аллегория на смерть жены художника
1842

Среди множества пейзажей, которые представлены в этой книге, только «Днепрострой» выделялся, кроме всего прочего, тем, что он ночной. На этой странице, испытывая огромное почтение к Ее Величеству Ночи, поговорим именно о ней. Пусть художники расскажут нам об этом сказочном времени суток.

Необычайный драматизм картины Максима Воробьева «Дуб, раздробленный молнией» — запоздалый романтизм в русском XIX веке. Подобное взволнованное повествование — *аллегория* на смерть горячо любимой жены художника.

В огромном пространстве, погруженном в ночную тьму («Ночь на Днепре» Архипа Куинджи), эффектно выделяется поверхность Днепра, слабо освещенные стены белых домиков-мазанок и края облаков. Ее декоративность вполне соотносится с поэтичностью выбранного мотива. Восхищенный картиной, знаменитый художник Иван Крамской писал: «...его "Ночь на Днепре" вся наполнена действительным светом и воздухом, его река действительно совершает величественное свое течение, и небо — настоящее бездонное и глубокое». По просьбе Куинджи, картина была представлена на выставке в зале, затемненном бархатными драпировками. Сенсационный успех у современников показал, что зрителям в искусстве необходим еще и выходящий за рамки повседневности декоративно-эмоциональный эффект!

Василий Суриков, которого знают как автора знаменитых исторических картин, проделал долгий и сложный путь из Сибири в Петербург, чтобы поступить в Академию художеств. Было это в 1869 году. А уже в следующем, 1870-м, он написал первую самостоятельную картину «Вид памятника Петру I на Сенатской площади в Петербурге». Его, жителя далекого провинциального Красноярска, не могла оставить равнодушным

113
А. Куинджи
Лунная ночь на Днепре
1880

114
И. Шишкин
«На севере диком...»
1891

115
А. Осмеркин
Автопортрет
1920

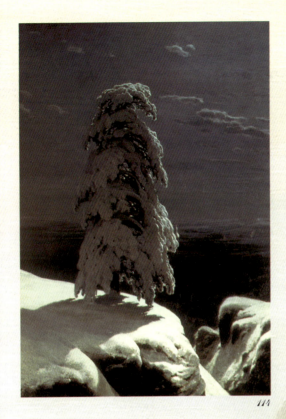

Впрочем, похожий мотив писали и более опытные мастера — Айвазовский и Куинджи.

Манящая красота этого города волновала художников и зимой, и летом. Мастера разных поколений, разных художественных направлений писали его не раз. Далеко не каждая страна может похвастаться тем, что она расположена на той параллели, где бывают белые ночи. Александр Осмеркин, плененный странным состоянием природы, пишет картину «Мойка. Белая ночь».

Казалось бы, почему не написать широкую Неву, главную реку города? А живописец выбирает скромную Мойку: именно здесь призрачный свет белой ночи, странным образом окрасившей дома, небо и воду, создает таинственный образ «северной Пальмиры».

116
А. Осмеркин
Ленинград. Мойка. 1927

117
В. Суриков
Памятник Петру I на Сенатской площади в Петербурге
1870

А.А. Осмеркин
(1892 — 1953)
94, 115, 116

торжественная красота северной столицы. «Теперь пишу картину, думаю поставить ее на годичную выставку у нас в Академии. Картина эта изображает Исаакиевский собор и памятник Петру Великому при лунном свете. Она у меня выходит довольно удачно, и многие художники отзываются о ней в мою пользу», — писал он родным.

Зима в Петербурге, какой ее увидел художник, темная, свинцовая. Да еще поздний вечер со слабым мерцанием фонарей. И свет луны, делающий облака и снег таинственно светящимися. А еще громада Исаакиевского собора с его мощным и строгим силуэтом. Трудную задачу поставил перед собой юный ученик Академии. Он удачно передал динамичный силуэт «Медного всадника», архитектурные пропорции Исаакия и хорошо справился с трудным двойным освещением: лунного света и газовых фонарей. Много позднее старый мастер вспоминал: «Первая моя собственная картина была: памятник Петру I при лунном освещении. Я долго ходил на Сенатскую площадь — наблюдал. Там фонари тогда рядом горели, и на лошади — блики». Сегодня, рассматривая эту небольшую работу, мы отчетливо понимаем, что перед нами романтическое произведение.

Пейзаж как неотъемлемая часть другого жанра

118
В. Серов
Девушка, освещенная солнцем
1888

В последней главе нашей книги хочется обратить внимание на следующее: пейзаж бывает не только эпическим, камерным, лирическим, романтическим и героическим. Он может играть важнейшую роль в картине другого жанра. Чтобы в этом убедиться, рассмотрим разные произведения.

О великом полотне Александра Иванова «Явление Христа народу» мы уже упоминали, когда рассматривали камни, воду и почву. Если предшественники Иванова считали, что пейзаж — только аккомпанемент действиям человека, то сам художник пришел к глубокому пониманию закономерностей жизни природы. Для него природа самоценна.

Из Евангелия известно, что важнейшее событие в истории человечества — явление Христа перед людьми — произошло на берегу реки Иордан. Весь этот пейзаж Иванов домыслил: и дерево, и горы, и пустынную каменистую дорогу. Все могучие составляющие природы — вода, земля и небо — являются не фоном, а естественной частью картины. Художник уподобляет дерево человеческой жизни: одни его листья зеленые и сочные, другие пожелтели, а некоторые совсем упали, оставив голые ветви. Это символизирует быстротечность пути человека на земле. Известный художник Александр Головин писал: «Среди заслуг Александра Иванова должно быть особенно отмечено его искусство пейзажиста. Ему удавалось в своих картинах тесно связать людей и пейзаж так, что в них не было того разлада, какой встречается иногда в картинах очень крупных мастеров между фигурными изображениями и окружающим их пейзажным фоном».

119
А. Иванов
Явление Христа народу
1837—1857

120

Лето 1888 года 23-летний Валентин Серов провел в Домотканове, под Тверью, — имении своих родных. Предыдущим летом в Абрамцеве, под Москвой, он написал, ставшую знаменитой картину «Девочка с персиками». Спустя год летние месяцы снова оказались плодотворными. «Девушка, освещенная солнцем» — Маша Симонович, двоюродная сестра Серова, поняла, какую сложную задачу ставит перед собой художник: написать портрет в пейзаже, да еще так, чтобы солнце на героиню падало сквозь листву. Портрет писался долго, но каким удачным он получился! Нежное лицо девушки написано тонкими цветовыми отношениями розового, чуть зеленоватого, сиреневого. Солнечный свет, проходя сквозь листву, падает зелеными и желтыми рефлексами на ее белую блузку. Пейзаж стал органической частью этого портрета, что до Серова мало кому удавалось.

Самым загадочным художником в русской живописи был Михаил Врубель. Его бог лесов и полей «Пан» — трогательное существо с голубыми глазами — изображен сидящим под корявой березой ранним вечером. Он не так уж страшен: в руках его флейта, чарующие звуки которой украсят безмолвие засыпающей природы.

Задумав картину о северной ссылке Пушкина, художник Виктор Попков создает «Осенние дожди». От первого плана террасы, где стоит поэт, пространство резко уходит в глубину. Мы оказываемся почти внутри долины с протекающей по ней речкой Соротью. После того, как взгляд охватил все детали картины, вплоть до одинокой белой лошади за рекой, возвратимся к легкой фигуре поэта. Приглушенный колорит полотна соотносится с красками осени. Это произведение — рассказ не только о поэте, его одиночестве, но и о вдохновении, приходящем к нему. Точно так же вдохновение необходимо и художнику, создающему картину. А сущность вдохновения и творчества у живописца — в прикосновении к миру природы.

На этой странице ты встретился с выдающимися работами: огромной исторической картиной Иванова, портретом Серова, символической картиной Врубеля и многоплановой композицией Попкова. И в каждой из них пейзаж — неотъемлемая составная часть произведения.

Вот и закончилось наше путешествие. Ты прочел книгу и рассмотрел иллюстрации. Ты уже различаешь, что значит «смотреть» и «видеть». Побывав на стройках и в поле, в городе и на море, познакомившись со многими новыми для тебя понятиями, рассказывающими о многообразии и неповторимости скромного и великого жанра, именуемого пейзажем, можешь ли ты утверждать, что теперь знаешь все об этом жанре? И можно ли все многоцветие мира описать на 45 страницах? Конечно нет. Пусть эта книга откроет тебе путь к познанию нового в мире искусства!

120
В. Попков
Осенние дожди. Пушкин
1974

121
М. Врубель
Пан. 1899

121

Словарь терминов

Аллегория — с греческого языка переводится как «иносказание».

Ассоциация — связь между отдельными представлениями, при которой одно из представлений вызывает другое.

Бытовой жанр — один из традиционных жанров изобразительного искусства, определяемый кругом тем и сюжетов из повседневной, обычной, частной или общественной жизни человека.

Гармония — согласованность, соразмерность, единство частей и целого в художественном произведении.

Графика — в переводе с греческого означает «пишу, рисую». Так называют произведение, в котором изображение нанесено на бумагу карандашом, тушью, гуашью или акварелью.

Декоративность — в переводе с латинского «украшаю» — качественная особенность произведения искусства, выступающая как одна из форм выражения красоты.

Диссонанс — то, что вносит разлад во что-нибудь, вступает в противоречие с чем-нибудь.

Жанр — исторически сложившееся внутреннее подразделение в большинстве видов искусства. В изобразительном искусстве основные жанры определяются прежде всего по предмету изображения (пейзаж, портрет, натюрморт, бытовой жанр, исторический жанр и т.д.).

Живопись — произведение, в котором изображение наносится на специально подготовленный холст масляными красками.

Идиллия — мирное, безмятежно-счастливое существование и произведение, описывающее его.

Интерьер — с французского языка переводится как «внутренний». Внутреннее пространство общественного, жилого, промышленного здания.

Исторический жанр — жанр изобразительного искусства, посвященный историческим деятелям и событиям. Обращенный в основном к прошлому, он включает также изображение недавних событий, значение которых осознано современниками.

Камерная картина — небольшое произведение, предназначенное для узкого круга зрителей.

Капитель — с латинского переводится как «головка». Одна из трех (верхняя) частей колонны. Коринфская капитель отличается своей пышной формой, в которой преобладает растительный орнамент.

Коллаж — с французского переводится как «приклеивание», «наклейка» — распространенная в искусстве XX века техника создания картины, состоящая в применении различных наклеек из плоских или объемных материалов.

Колорит — с итальянского переводится как «краска, цвет» — система цветовых тонов, их сочетаний и взаимоотношений в произведении искусства.

Композиция — построение художественного произведения.

Кубизм — направление в искусстве начала XX века. В произведениях художников-кубистов преобладали прямые линии, грани и кубоподобные формы.

Кулисы — элементы искусства сценографии, часть декораций: полотнища, расположенные на театральной сцене параллельно или под углом к краю сцены.

Лирическое настроение — такое, при котором чувства, душевные переживания господствуют над рассудочным началом.

Мастерская — помещение, предназначенное для работы художника.

Модель — человек, позирующий художнику при работе над произведением.

Монументальность — качество произведения искусства, придающее ему величие, возвышенность.

Мотив — элемент художественного произведения. Термин относится и к натуре, и к ее изображению художником.

Натура — в переводе с латинского означает «природа» — предметы и явления окружающего мира, живые существа, которые изображает художник, наблюдая их как модель.

Натюрморт — жанр в живописи, изображающий неодушевленные предметы, размещенные в пространстве картины и объединенные между собой сюжетом и композицией.

Орнамент — с латинского переводится как «украшение» — узор, построенный на ритмическом чередовании и организованном расположении геометрических или изобразительных элементов.

Палитра — перечень красок, которыми пользуется художник.

Перспектива — происходит от латинского слова «ясно вижу» — система изображения на плоскости пространства и объемных тел, их удаления от наблюдателя.

Рефлекс — с латыни переводится как «обращенный назад, отраженный». В живописи: отраженный свет и цвет на какой-либо поверхности.

Ритм — повторяемость, чередование одинаковых частей целого в художественном произведении. Ритм создает определенное эмоциональное воздействие произведения и отражает ритмические закономерности, присущие окружающему миру.

Романтик — мироощущение, умонастроение, в котором ведущую роль играют эмоции, мечты, идеалы, душевный подъем.

Светотень — градация светлого и темного, распределение различных по яркости цветов, тональных и цветовых оттенков.

Силуэт — форма фигуры или предмета, видимая как единая масса, как плоское пятно на более темном или более светлом фоне.

Символ — художественный образ, воплощающий какую-либо идею.

Символизм — направление в европейской и русской художественной культуре конца XIX — начала XX века. Живой реальности символизм противопоставлял мир видений и грез.

Стаффаж — второстепенные мелкомасштабные изображения людей и животных в пейзажной композиции. Стаффаж получил распространение в XVII—XVIII веках и часто исполнялся не пейзажистом, а другим мастером.

Тон — в переводе с греческого «ударение, напряжение» — простейший элемент светотени, светонасыщенность отдельного видимого участка предмета.

Урбанизм — от латинского слова «город». В изобразительном искусстве XX века — увлечение грандиозностью и драматической жизнью больших городов.

Футуризм — происходит от латинского слова «будущее». Художники этого направления отвергали традиционную культуру прошлого и воспевали будущее — наступающую эпоху индустрии, техники, высоких скоростей и темпов жизни.

Художественный образ — обобщение размышлений и оценки мира художником, который является выразителем мировоззрения определенного исторического времени.

Цвет — световые волны, зрительно окрашивающие материальный мир в определенные тона спектра. В изобразительном искусстве цвет несет важнейшую функцию эмоционального и смыслового воздействия произведения искусства. Локальный цвет в живописи — чистый, основной цвет, присущий данному предмету (например трава — зеленая, небо — голубое). Смешение красок, взаимопроникаемость, цветовые контрасты и тончайшие нюансы предполагают изменчивую, подвижную цветовую систему художественного произведения. Цвет является важнейшим средством художественной выразительности в изобразительном искусстве.

Элегическое настроение — грустное, мечтательное.

Эпический — величаво-спокойный, бесстрастный.

Эскиз — художественное произведение вспомогательного характера, являющееся подготовительным для более крупной работы и обозначающее ее замысел.

Этюд — небольшое художественное произведение вспомогательного характера, выполненное с натуры для тщательного ее изучения.

УДК 087.5:75.047
ББК 85.147(2)
Б99

Содержание

Что такое пейзаж?..2
Взгляд из дома...4
Река..6
Лес...8
Море...10
Камерный пейзаж..12
Лирический пейзаж..14
Березовая роща...16
Золотая осень..18
Пейзаж с купальщицами..20
Портрет, модель или стаффаж?.......................................22
Еще раз о стаффаже...24
Почему художник пишет один и тот же пейзаж?........................26
Что у тебя под ногами?...28
Каким ты видишь небо?..30
Городской пейзаж...32
Как «сегодняшний» пейзаж стал историческим.........................34
Лицо незнакомого города..36
Промышленный пейзаж..38
Древняя земля..40
Царица-ночь..42
Пейзаж как неотъемлемая часть другого жанра........................44
Словарь терминов...46

ЭНЦИКЛОПЕДИЯ ЖИВОПИСИ ДЛЯ ДЕТЕЙ
Валентина Бялик
Пейзаж

Для старшего школьного возраста

Директор К. Чеченев
Директор издательства А. Астахов
Коммерческий директор Ю. Сергей
Главный редактор Н. Астахова

Редактор Л. Жукова
Корректура: А. Новгородова, Н. Старостина
Компьютерная верстка и дизайн обложки:
Е. Аквилянова

ISBN 5-7793-0394-0
Лицензия ИД №04067 от 23 февраля 2001 года

Издательство «БЕЛЫЙ ГОРОД»
111399, Москва, ул. Металлургов, д. 56/2,
тел. (095) 176-91-09, 176-91-04, 176-94-63
Оптовые поставки — фирма «Паламед»,
тел. (095) 176-68-95, (095) 288-75-36, (812) 567-50-54

Розничная продажа:
Торговый дом книги «Москва»,
103009, Москва, ул. Тверская, д. 8
По вопросам приобретения книг
по издательским ценам
обращаться по адресу: 111399, Москва,
ул. Металлургов, д. 56/2, тел. 176-68-95
E-mail: palamed@aha.ru

Отпечатано в полном соответствии
с качеством предоставленных диапозитивов
в ОАО «Ярославский полиграфкомбинат»
150049, Ярославль, ул. Свободы, 97

Подписано в печать 16.10.2001
Гарнитура KabelClight; печать офсет,
бумага Euro Bulk, печ. л. 3,0.
Доп. тираж 6000 экз. Заказ № 0113762.

© «Белый город», 2001